BEI GRIN MACHT SICH IHR WISSEN BEZAHLT

AF166937

- Wir veröffentlichen Ihre Hausarbeit, Bachelor- und Masterarbeit

- Ihr eigenes eBook und Buch - weltweit in allen wichtigen Shops

- Verdienen Sie an jedem Verkauf

Jetzt bei www.GRIN.com hochladen und kostenlos publizieren

Bibliografische Information der Deutschen Nationalbibliothek:

Die Deutsche Bibliothek verzeichnet diese Publikation in der Deutschen National-bibliografie; detaillierte bibliografische Daten sind im Internet über http://dnb.d-nb.de/ abrufbar.

Impressum:

Copyright © 2015 GRIN Verlag
Druck und Bindung: Books on Demand GmbH, Norderstedt Germany
ISBN: 9783346173096

Dieses Buch bei GRIN:

https://www.grin.com/document/594356

Stephanie Henke-von der Malsburg

Trainingslehre. Makro- und Mesozyklusplanung

Erstellung eines Krafttrainingsplans für einen 25-jährigen Mann

GRIN Verlag

Deutsche Hochschule für
Prävention und Gesundheitsmanagement
Hermann Neuberger Sportschule 3

Einsendeaufgabe

S. Henke-von der Malsburg

Fachmodul:	Trainingslehre I
Studiengang:	Gesundheitsmanagement

Inhaltsverzeichnis

1 Diagnose

1.1 Allgemeine und biometrische Daten

Tab. 1: Allgemeine Daten

Alter	25 Jahre
Geschlecht	Männlich
Größe	185 cm
Gewicht	74 kg (BMI= 21,6 -> normal)
Trainingsmotive	Muskelaufbau, eingeschränkte Beweglichkeit, leichte Rückenschmerzen
Beruf	Qualitätsmanager 70% sitzende, 30% stehende Tätigkeit
Frühere sportliche Aktivität	Fitnessstudio, Fahrradfahren, Eislaufen
Leistungsstufe	Selbsteinschätzung 7 von 10
Trainingsumfang	Täglich
Aktuelle sportliche Aktivität	0
Aktueller Leistungsstand	Beginner
Zeitlicher Verfügungsrahmen	2 -3 mal die Woche

Tab. 2: Ruhepuls

Ruhepuls in Schläge/Minute	69
Tagespuls in Schläge/Minute	82

Tab. 3: Blutdruckparameter

Systolisch in mmHg	120
Diastolisch in mmHg	80

→ Der Proband hat einen normalen Blutdruck, da die Richtlinie des systolischen Wertes unter 130 mmHg und des diastolischen Wertes unter 85 mmHg einem normalen Blutdruck entspricht.

Tab. 4: Daten über den allg. Gesundheitszustand

Orthopädische Probleme	Rippenfraktur vor 5 Jahren
Internistische Probleme	Keine
Ärztliche Behandlungen	Keine
Einnahme von Medikamenten	Keine
Sonstige gesundheitl. Einschränkungen	Keine

→ Die Testperson besitzt gute Voraussetzungen für ein gesundheitsorientiertes Krafttraining.

1.2 Krafttestung

Zur Bestimmung der Trainingsintensität wird der Proband durch subjektives Belastungsempfinden über die Borg-Skala (Borg, 1998, 2004) bzw. Wanner-Skala (Wanner, 1985) getestet.

1.2.1 Testablauf

Die Auswahl der Testübungen erfolgt im Hinblick auf das vorher vom Probanden festgelegte krafttrainingsspezifische Ziel und wird auf eine bestimmte Wiederholungszahl beschränkt. Da das erste Trainingsziel „Muskelaufbau" lautet, wird eine Wiederholungszahl von 12 festgelegt, welche somit im Hypertrophiebereich (zwischen 6 und 15 Wiederholungen) liegt. Nach einem allgemeinen und spezielleren Warm-Up zur Vorbereitung auf den Krafttest wird der erste von insgesamt drei Testsätzen absolviert. Die Testübungen laufen im 2-0-2 Tempo ab (zwei Sekunden exzentrische Phase, null Sekunden isometrische Phase, zwei Sekunden konzentrische Phase), haben ein bestimmtes festgelegtes Einstiegsgewicht und beinhalten jeweils 60 Sekunden Satzpausen. Ergebnis des Tests zur subjektiven Belastungsempfindung ist jenes Gewicht, welches auf der Wanner-Skala die Stufen 5 und 6 – also „etwas schwer" bis „sehr schwer" bedeutet (modifiziert nach Boeckh-Behrens und Buskies).

1.2.2 Testergebnisse

Tab. 5: Testergebnisse für alle Testübungen

Testübung mit 10 WH	1. Testsatz in Kg	2. Testsatz in Kg	3. Testsatz in Kg	Ergebnis in Kg
Latzug	40	45	---	45
Beinpresse	100	120	140	140
Bauchmaschine	15	20	25	25
Rückenstrecker	---	---	---	---
Bankdrücken	20	30	---	30
Kurzhantel-Seitheben	10	---	---	10
Armstrecker Kabelzug	15	20	---	20

1.2.3 Schlussfolgerungen für das Krafttraining

Die Möglichkeit des interindividuellen Leistungsvergleichs nach dem subjektiven Belastungsempfinden ist, aufgrund einer zu hohen Anzahl an Störfaktoren auf das Testergebnis, nicht gegeben, weshalb weder Norm- noch Referenzwerte bestehen.

Im Bezug zur Möglichkeit der Ableitung von Trainingsintensitäten lässt sich feststellen, dass das ermittelte Testgewicht gleichzeitig das Trainingsgewicht für das anschließende Krafttraining darstellt. Der Proband wurde aufgrund seiner aktuellen sportlichen Aktivität als „Beginner" eingestuft, weshalb die Intensität von „mittel" bis „schwer" (Wanner-Skala) festgelegt wurde. Mit den insgesamt sieben verschiedenen Testergebnissen in Kg wird die Belastungsintensität bestimmt, mit welchen anschließend 7 Wochen lang (erster Mesozyklus) die Kraftausdauer des Probanden trainiert wird.

Die Möglichkeit eines intraindividuellen Leistungsvergleichs ist gegeben, solange man sich konsequent an die Testrahmenbedingungen (Geräteeinstellung), den Testablauf (Wiederholungszahl) und die Methodik (Ausführung, Regenerationszeit) hält.

So kann man beispielsweise mit einem Trainingstagebuch aufgelistete Übungen mit entsprechender Wiederholungszahl täglich festhalten, wodurch die einzelnen Mesozyklen ausgewertet werden können.

2 Zielsetzung/Prognose

Tab. 6: Biometrische und sportmotorische Parameter

	Inhalt	Ausmaß	Zeit
Ziel 1	Steigerung des Körpergewichts durch Muskelaufbau	4 kg	6 Monate
Ziel 2	Verbesserung der Beweglichkeit	von 3 auf 5	6 Monate
Ziel 3	Senkung des Ruhepulses	3-4 Schläge pro Minute	7 Wochen

3= stark verkürzt/vermindert dehnbar

5= nicht verkürzt/gut dehnbar

Als erstes Trainingsmotiv wurde von der Testperson Muskelaufbau genannt, weswegen dies als Hauptziel festgelegt wird. Zudem bewerkstelligt der Proband die meiste Zeit sitzende Tätigkeiten. Das erste Trainingsziel lautet demnach: Steigerung des Körpergewichts durch Muskelaufbau, welcher die Stabilisation in den Gelenken sowie die Stärkung der Rückenmuskulatur beinhaltet. Nach 6 Monaten soll der Proband ca. 4 kg mehr Muskelmasse besitzen als zu Beginn. Aufgrund des einseitigen Berufsalltags, ist sein zweites Trainingsziel: Verbesserung der Beweglichkeit. Um die Beweglichkeit des Probanden festzustellen, wird ein Beweglichkeitstest nach Janda (Janda, 1986) durchgeführt. Die Dehnbarkeit eines Muskels wird durch die Beweglichkeit in dem durch den Muskel bewegten Gelenk beurteilt. Dabei bedeutet 3 stark verkürzt bzw. vermindert dehnbar, 4 mittel und 5 nicht verkürzt bzw. gut dehnbar. Nach 6 Monaten soll der Proband einen Beweglichkeitstest mit dem Ergebnis „5" vollziehen können.

Da die Testperson einen Ruhepuls von 79 Schlägen pro Minute aufweist und der Normwert einer Erwachsenen Person zwischen 60 und 80 Schläge pro Minute entspricht, lautet das dritte Trainingsziel: Senkung des Ruhepulses um 3-4 Schläge pro Minute in 7 Wochen.

3   Trainingsplanung Makrozyklus

Tab. 7: langfristige Trainingsplanung (Makrozyklusplanung)

	Umfangsorientiertes Krafttraining		Intensitätsorientiertes Krafttraining	
Mesozyklus-dauer	7 Wochen	7 Wochen	7 Wochen	7 Wochen
Trainingsziel	Kraftausdauer-training	Übergangs-training	Muskelaufbau-training (extensiv)	Maximalkraft-training (intensiv)
Organisations-form	GK/Station	GK/Circuit	GK/Station	GK/Station
Trainings-einheiten pro Woche	2-3	2-3	2-3	2-3
Übungen/ Muskelgruppe	1-2	1-2	1-2	1-2
Sätze/Übung	2	2 Curcuits	2	2
Wdh.	15-20	12-15	8-10	3-6
Satzpausen	60 Sek.	---	60 Sek.	---
Intensität	Wanner-Skala 5-6	Wanner-Skala 5-6	Wanner-Skala 5-6	Wanner-Skala 5-6
Bewegungs-tempo	2-0-2	2-0-2	3-0-1	3-0-X

GK = Ganzkörpertraining

Station = Stationstraining

Circuit = Circuit-/Kreistraining

Wanner-Skala 5-6 entspricht „mittel" bis „schwer"

Das aufgeführte „Sanfte Krafttraining nach dem subjektiven Belastungsempfinden" (modifiziert nach Boeckh-Behrens et al., 2002, S. 47) stellt die Phasen einer linearen Periodisierung und für alle Leistungsstufen eine relativ einfach umzusetzende Handlungsempfehlung dar. Dabei geht es um eine möglichst günstige Relation zwischen Trainingseffekten und Nebenwirkungen des Krafttrainings. Die ausgewählte Trainingsmethode beinhaltet sowohl umfangs- als auch intensitätsorientiertes Krafttraining, welche die Ziele des Probanden abdecken. Eine Stoffwechseloptimierung der beteiligten

Bindegewebsstrukturen (Sehnen- und Knorpelgewebe, Kapsel-Band-Apparat) zeigt sich in der verbesserten Beweglichkeit. Ein primäres Ziel des intensitätsorientierten Krafttrainings ist der Aufbau von Muskelmasse, womit das Hauptziel der Testperson abgedeckt ist.

Ziel eines umfangsorientierten Krafttrainings besteht aus der Optimierung des anaeroblaktaziden Muskelstoffwechsels, wodurch die Kraftausdauer des Probanden verbessert wird. Während dem Übergangstraining wird die Testperson an höhere Intensitäten gewöhnt. In den intensitätsorientierten Trainingszyklen geht es primär um den Aufbau von Muskelmasse (Muskelhypertonie) sowie Steigerung der Kraft. Da der Proband als Trainingsbeginner eingestuft wurde, muss er sich zunächst an höhere Intensitäten gewöhnen, bevor es zum Schwerpunkt des Trainings kommen kann. Aus dem Grund wurde die klassische lineare Periodisierung gewählt, die sich auf das Belastungsprinzip beruht, welches besagt, dass die Intensität von Mesozyklus zu Mesozyklus gesteigert und die Wiederholungszahl reduziert wird (Boeckh-Behrens/Buskies, 2007, S.27ff).

Ursache der körperlichen Leistungssteigerung sind biologische Anpassungsprozesse, welche durch überschwellige Trainingsreize geschaffen werden. Wirken ohne Erholungsphasen fortwährend zu starke Belastungsreize auf den Körper ein, wird die körperliche Leistungsfähigkeit automatisch reduziert, womit die Verletzungsgefahr steigt (Höppner, 2007, S.9ff). Daher werden die Trainingseinheiten auf 2-3 mal pro Woche festgelegt, um angemessene Erholungsphasen zu gewährleisten. Da es sich bei der Testperson um einen Beginner handelt, wurde ein Ganzkörpertraining zum trainieren aller Hauptmuskelgruppen gewählt und die Belastungshäufigkeit dementsprechend angepasst (Höppner, 2007, S.25).

Im Hinblick auf die Gesundheits- und Leistungsvoraussetzungen bzw. den zeitlichen Verfügungsrahmen des Probanden beziehen sich die Belastungsparameter auf 2-3 Einheiten a max. 60 min. pro Woche, 1-2 Übungen pro Muskelgruppe und 1-2 Sätze pro Übung mit einer Intensität von 15-16 (Borg-Skala) bzw. 5-6 (Wanner-Skala) (Boeck-Behrens/Buskies, 2007, S.32).

Um den Beginner an die Geräte heranzuführen erfolgt der erste Mesozyklus als Stationstraining. Während des zweiten Zyklus absolviert der Proband ein Circuittraining, welches zur Verbesserung der Kraftausdauer beiträgt und wodurch der HDL-Cholesterinanteil erhöht und der LDL-Cholesterinanteil verringert wird. Zudem kommt es zu einer Verbesserung der Glukosetoleranz, sowie zu einer Senkung des Bedarfs an Insulin (Boeckh-Behrens/Buskies, 2007, S.19). Im dritten und vierten Mesozyklus befindet sich der Proband erneut im Stationstraining, da nun im Bereich der Hypertrophie trainiert wird. Ein regelmäßiges Training von 2-3 mal die Woche ermöglicht den gewollten Trainingseffekt „Muskelaufbau" (Boeckh-Behrens/Buskies, 2007, S.30-34).

4 Trainingsplanung Mesozyklus

Tab. 8: mittelfristige Trainingsplanung (Mesozyklusplanung)

	Mesozyklus 1
Zyklusdauer	7 Wochen
Spezifisches Trainingsziel	Kraftausdauer
Trainingseinheiten/Woche	2
Organisationsform	GK/Station
Übungen/Muskelgruppe	1
Sätze/Übung	2
Satzpausen	60 Sek.
Wiederholungszahl	15
Intensität	Wanner-Skala 5-6
Bewegungstempo	2-0-2
Krafttrainingsübungen	1. Bauchmaschine
	2. Beinpresse horizontal
	3. Latzug vertikal zum Nacken (OG)
	4. Bankdrücken Multipresse
	5. Rückenstrecker 45° Bank
	6. Seitheben (KH)
	7. Armstrecken Kabelzug (UG)

Wanner-Skala = subjektiv „mittel" bis „schwer"

LH = Langhantel

KH = Kurzhantel

UG = Untergriff

OG = Obergriff

Aufgrund des Trainingsstatus „Beginner" kommen primär Übungen an geführten Maschinen und ergänzend Seilzug- und Freihantel-Kraftübungen zum Einsatz.

Mit dem Wissen, „dass etwa 70% der Altersunfälle auf eine verminderte Geh-, Lauf- und Sprungfähigkeit, verbunden mit einer verschlechterten Koordinationsfähigkeit, zurückzuführen sind" und „sich über ein ganzes Leben erstreckende Kräftigung der

Hauptmuskelgruppen (besonders Bauch- und Rückenmuskulatur) einen frühzeitigen einsetzenden Haltungsverfall mit den entsprechenden Folgeschäden" vorbeugt (Weineck, 2004, S.693), und in Hinblick auf die berufliche Tätigkeit der Testperson beinhalten die Mesozyklen ein adäquates Ganzkörpertraining mit besonderer Beachtung der Bauch- Gesäß- und Rückenmuskulatur.

Um einer falschen Haltung am PC vorzubeugen wird als erste Übung Latzug vertikal zum Nacken mit Obergriff gewählt und somit vor allem der breite Rückenmuskel und große Rundmuskel trainiert. Durch die Inaktivität der Beine, verursacht durch 70% sitzende Tätigkeiten in der Arbeit, liegt die zweite bedeutende Schwachstelle der Testperson im vierköpfigen Oberschenkelstrecker und großen Gesäßmuskel, welche durch die Übung Beinpresse horizontal sitzend gestärkt werden. Da durch eine Aufrechte Haltung ohne Rumpfstabilisation leicht ins „Hohlkreuz" gefallen wird, trainiert der Proband die geraden Bauchmuskeln durch Rumpfbeugen an der Bauchmaschine. Als anschließende Übung erfolgt der Rückenstrecker an der 45° Bank um erneut zwei, der für die Testperson wichtigsten Muskelgruppen, zu kräftigen: Den großen Gesäßmuskel und Rückenstrecker. Durch die weiteren Übungen werden Brust, Schulter und Arme trainiert (Bankdrücken an der Multipresse – großer Brustmuskel, Kurzhantelseitheben – Deltamuskel, mittlerer Anteil, Armstrecken am Kabelzug mit Untergriff – dreiköpfiger Armstrecker). Die Trainingsübungen sowie deren Reihenfolge richten sich dabei nach dem Prioritätsprinzip (Denner, 1997, S. 96-102).

„Die Kraftausdauer ist nach Harre (1976, 125) die Ermüdungswiderstandsfähigkeit des Organismus bei lang andauernden Kraftleistungen" (Weineck, 2004, S. 243), weshalb das Trainingsziel einen guten Einstieg ins Krafttraining bietet. „Die Kraftausdauerfähigkeiten sollten nach Neumann (1989, 138 f.) vor allem auf eine Anpassung im Kraftpotential der oxydativ funktionierenden langsamen und schnellen Muskelfasern abzielen" (Weineck, 2004, S. 242). Kriterien sind dabei Reizstärke-und Umfang.

5   Literaturrecherche

Effekte des Krafttrainings bei Diabetes mellitus Typ-2

1) Wer hat die Studien durchgeführt?

2) In welchem Jahr wurden die Studien Publiziert?

3) Mit welchen Versuchspersonen wurden die Studien durchgeführt?

4) Wie sah der Versuchsaufbau der Studien aus?

5) Welche relevanten Ergebnisse und Schlussfolgerungen lieferten die Studien?

1)   Abbas Yavari   Nana Chung

2)   2012   2012

3)   In dieser Studie bestand das Proban-   Das Probandenkollektiv beinhaltete ins-
      denkollektiv aus 152 nicht-   gesamt 27 insulinpflichtige Männer über
      insulinpflichtigen Patienten mit Diabe-   30 Jahren, von denen 14 mit einem
      tes Mellitus Typ-II, einem BMI bis hin   Durchschnittsalter von 61.5+-8.4 Jahre,
      zu 43 und einem Durchschnittsalter   mittleren Gewicht von 99.7+-11.5kg
      von 50.5+-8.45 Jahren.   und BMI von 31.1+-3.5kg/m² in der
                                       Kraftgruppe beobachtet wurden.

4)   Nach einer medizinischen Untersu-   2 x pro Woche sollte ein Krafttraining
      chung wurde ein 2-wöchiges Trai-   mit einer Trainingseinheit zwischen 60
      ningsprogramm mit jeweils 3 Trai-   und 75 Minuten stattfinden. Dazu wur-
      ningseinheiten á 15-40 Minuten inkl.   den im Verlauf der Studie drei medizini-
      Auf- und Abwärmen durchgeführt.   sche sowie wissenschaftliche Untersu-
      Dabei wurden die Teilnehmer in 4   chungen durchgeführt (Vor-, Zwischen-
      Gruppen eingeteilt: Krafttraining (1   und Abschlussuntersuchung). Vor und
      Satz pro Übung mit 8-10 Wiederho-   während des Trainings wurden Blut-
      lungen), Aerobic, kombiniertes Bewe-   druck und Herzfrequenz gemessen und
      gungstraining und Blutzuckerspiegel-   die Probanden wurden nach dem subjek-
      kontrolle. Letztere beinhaltet das Er-   tiven Empfinden (Borg-Skala) gefragt.
      reichen und Aufrechterhalten eines   Das Krafttraining beinhaltete 4 Trai-
      geeigneten Blutzuckerspiegels durch   ningsphasen (2 min Warm-Up, 5 min

neuartige Pharmaka, diätische Interventionen und körperliche Aktivität. Alle Probanden sollten Medikamenteneinnahme und Diäten beibehalten. Darüber hinaus wurde Gruppe 4 angewiesen ihren bisherigen Lebensstil bis zu Ende des Tests fortzuführen.

Warm-Up, 15 min eigentliche Trainingsphase gesteigert bis zu 40 min, 3 min Cool-Down) sowie die Nutzung von 11 Geräten für Brustpresse, Latissimuszug, Beinpresse, Beinstrecker, Beinbeuger, Hyperextensionsbank und Crunches. Der Aufbau des Versuchs orientiert sich am Trainingsprinzip der Progressiven Belastungssteigerung über einen Zeitraum von 12 Wochen und ohne begleitende Ernährungsempfehlungen.

5) Zweck dieses Versuchs war es, die Wirkung von Aerobic-Übungen und Krafttraining sowie die Kombination von aeroben Training und Krafttraining mit dem Blutzuckerspiegel, kardiovaskulären Risikofaktoren und der Körperzusammensetzung zu vergleichen. Die Wirkung der einzelnen Arten von aeroben oder Krafttraining auf die Reduzierung des A1C-Spiegels war bemerkenswert. Außerdem war der Einfluss des Trainings auf die max. Sauerstoffaufnahme beachtlich. Der höhere Anstieg des HDL-c-Wertes in der Krafttraining-Gruppe sowie der nicht zu vernachlässigende Rückgang von Triglycerid-Werten der aeroben und kombinierten Übungsgruppen zeigen die Wirkung von körperlicher Aktivität auf die Lipidzusammensetzung bei diesen Patienten. Aerobic und Krafttraining

In der Laktatkonzentration wurde ein Unterschied von $p < 0.05$ festgestellt, was eine Verbesserung der Ausdauerleistungsfähigkeit der Probanden darstellt. Insgesamt konnte beobachtet werden, dass ein 12-wöchiges Krafttraining mit moderaten Intensitäten die Leistungsfähigkeit verbessern kann. Überdies wird jedoch darauf hingewiesen, dass die Verbesserung der Leistungsfähigkeit zudem von verschiedenen Faktoren abhängt (z.B. Dichte/Lage der Mitochondrien, Kapillarisierung des Muskels, Füllungszustand der Glykogenspeicher etc.). Eine teilweise tendenzielle Herauf-/Herabregulierung von mitochondrialen Signalproteinen lässt vermuten, dass körperliche Aktivität im Muskel eine Regulierung dieser beeinflussen kann. Somit lässt sich schlussfolgern, dass systematische Trainingspläne mit TypII-

allein wirkt sich vorbeugend oder kurativ auf den Blutzuckerspiegel und kardiovaskuläre Risikofaktoren aus. Die absolute Verbesserung der Variablen wie HbA1c, Blutzuckertests, Triglyceride, BF%, Muskelprozentanteil und viszeralen Fettanteil sind die Summe der geänderten Werte sowohl in der aeroben als auch Krafttrainingsgruppen allein (unabhängig davon, ob signifikant oder nicht). Diese Additivreaktionen in der kombinierten Trainingsgruppe weist darauf hin, dass diese Art von Training vorteilhaft bei der Empfehlung für Diabetiker ist.

Diabetikern, die mit submaximalen Intensitäten trainiert werden, sowohl die Leistungsfähigkeit als auch ungünstige oxidative Stress-Situationen durch Hochregulierung von antioxidativen Enzymen und Mitochondrien verbessern. Körperliche Aktivität wirkt somit der Entstehung und Fortbildung der Krankheit entgegen.

6 Literaturverzeichnis

Janda, V. (1986). *Muskelfunktionsdiagnostik*. Berlin: Verlag Volk und Gesundheit.

Buskies, W. (1992). *Sanftes Krafttraining – unter besonderer Berücksichtigung des subjektiven Belastungsempfindens*. Köln: Sport und Buch Strauß.

Boeckh-Behrens, W.-U. & Buskies, W. (2007). *Fitness-Krafttraining. Die besten Übungen und Methoden für Sport und Gesundheit*. Hamburg: Rowohlt.

Höppner, T. (2007). *Effizienteres Krafttraining durch optimale Trainingsplanung*. Aufgerufen am 18.08.2015 von http://meine-fitness.eu/Effizienteres_Krafttraining_durch_optimale_Trainingsplanung.pdf

Weineck, J. (2004). *Optimales Training: Leistungsphysiologische Trainingslehre unter besonderer Berücksichtigung des Kinder- und Jugendtrainings*. Balingen: Spitta Verlag GmbH & Co. KG.

Denner, A. (1997). *Die wirbelsäulenstabilisierende Muskulatur chronischer Rückenpatienten Dekonditionierung versus Rekonditionierung*. Köln: Springer-Verlag.

Chung, N. (2012). *Einfluss von körperlicher Aktivität auf antioxidative Enzyme und mitochondirale Signalproteine in der Skelettmuskulatur von TypII-Diabetikern*. Abgerufen am 17.08.15 von http://esport.dshs-koeln.de/306/

Yavari, A. (2012). *Effect of aerobic exercise, resistance training or combined training on glycaemic control and cardio-vascular risk factors in patients with type 2 diabetes*. Abgerufen am 17.08.2015 von
http://biolsport.com/abstracted.php?level=5&ICID=990466

7   Tabellenverzeichnis